Bibliografische Information der Deutschen Nationalbibliothek:

Die Deutsche Bibliothek verzeichnet diese Publikation in der Deutschen National-
bibliografie; detaillierte bibliografische Daten sind im Internet über http://dnb.d-
nb.de/ abrufbar.

Impressum:

Copyright © 2018 GRIN Verlag
Druck und Bindung: Books on Demand GmbH, Norderstedt Germany
ISBN: 9783668976658

Dieses Buch bei GRIN:

https://www.grin.com/document/490587

Moritz Ritter

Was waren die Gründe für den Kaukasuskrieg 2008? Hintergründe zum Konflikt zwischen Georgien und Russland

GRIN Verlag

GRIN - Your knowledge has value

Der GRIN Verlag publiziert seit 1998 wissenschaftliche Arbeiten von Studenten, Hochschullehrern und anderen Akademikern als eBook und gedrucktes Buch. Die Verlagswebsite www.grin.com ist die ideale Plattform zur Veröffentlichung von Hausarbeiten, Abschlussarbeiten, wissenschaftlichen Aufsätzen, Dissertationen und Fachbüchern.

Besuchen Sie uns im Internet:

http://www.grin.com/

http://www.facebook.com/grincom

http://www.twitter.com/grin_com

Wirtschaftskundliches Bundesrealgymnasium Graz,

Vorwissenschaftliche Arbeit

Georgien − inmitten der Krisenregion am Ende von Europa

Moritz Ritter,

Abgabedatum: 01.03.2019

Abstract: Der südliche Kaukasus

Wir schreiben den 8. August 2008. Bomben fallen auf Tiflis, Kampfflugzeuge fliegen über die Dächer Goris und Raketen treffen auf Zchinwali. Die 58. russische Armee ist in georgisches Staatsgebiet einmarschiert. Georgien ist im Krieg mit seinem Nachbarn Russland. Wie konnte es so weit kommen? Wieso riskiert Georgien einen Krieg mit dem übermächtigen Nachbarn im Osten und worum geht es eigentlich?

Genau diese Gründe sollen in der vorliegenden Arbeit erforscht werden. Dazu werden die georgischen innen- und außenpolitischen Entwicklungen von der Unabhängigkeit 1991 bis zum Kriegsausbruch 2008 genau durchleuchtet. Es wird beschrieben, welcher georgische Präsident welche Reformen voranbrachte, und dabei gleichzeitig sein jeweiliger Einfluss auf die Konfliktregionen Südossetien und Abchasien dargelegt. Seit fast einem Jahrhundert gibt es in Südossetien und Abchasien ein dauerhaftes Konfliktpotential, da die Minderheiten in Südossetien und Abchasien von Russland unterstützt ihre Unabhängigkeit fordern. Dieses, und weitere kleinere Bürgerkriege in den 1990 er Jahren führten im Jahr 2008 zur Eskalation, bei der sogar Russland eingriff. Im zweiten Hauptkapitel wird der Ablauf des Kaukasuskrieges von 2008 und seine Konsequenzen für Georgien bzw. für Russland beschrieben. Zuletzt erfolgt ein Fazit aus fast 30 Jahren georgischer Geschichte. Hat der Kaukasuskrieg von 2008 etwa etwas mit dem Ukrainekonflikt von 2014 zu tun?

Anmerkung der Redaktion: Diese Abbildung wurde aus urheberrechtlichen Gründen entfernt, ist aber aufgrund des Abbildungsverzeichnisses gut nachvollziehbar

Abb. 1: Georgiens abtrünnige Provinzen

Vorwort

Der Kaukasus hat für mich lange Zeit keine allzu große Rolle gespielt. Ich wusste zirka w liegt, und ich wusste mit Ländernamen wie Georgien etwas anzufangen, doch hatte ich hatte keine Ahnung von Südossetien oder Abchasien geschweige denn von einem Krieg mit Russland. Dies änderte sich in Folge einer Reise nach Georgien im Oktober 2015. Damals begann ich mich erstmals mit Georgien zu befassen, informierte mich aber noch nicht über das historische Georgien. Trotzdem fand ich den Krieg von 2008 interessant und fragte mich schon damals wie es wohl dazu gekommen war.

Das Thema hat mich seit dieser Reise vor dreieinhalb Jahren nicht mehr losgelassen. Ich wollte wissen, wieso es zu dem Krieg kam und wieso Georgien sich mit Russland anlegte, wieso die Führung in Tiflis die sezessionistischen Provinzen nicht einfach wieder unter ihre Kontrolle brache bzw. wieso sich die Völker der Georgier und Südosseten aber auch Abchasen nicht verstehen.

Zusätzlich faszinierend an der Region finde ich das Aufeinanderprallen russischer und amerikanischer bzw. europäischer Interessen. In Europa hört man immer nur von der Ukraine, dabei ist der Konflikt in Georgien meiner Meinung nach sehr viel spannender und tiefgreifender.

Moritz Ritter   Graz, am 28.02.2019

Inhaltsverzeichnis

1. Einleitung

Auf dem Territorium des heutigen Georgiens liegen zwei sezessionistische Provinze Abchasien und Südossetien, die ihre Loslösung von Georgien fordern. Beide lehnen ihre Zugehörigkeit zu Georgien ab und beharren auf ihre Unabhängigkeit. Diese wird besonders durch ihren nördlichen Nachbarn Russland unterstützt. Doch wer sind diese Völker eigentlich bzw. worin liegen die Gründe für dieses angespannte Verhältnis?

1.1 Sakartwelo (georgisch: Georgien)

In der Region des heutigen Georgiens entstanden die ersten Staatengebilde im 4. Jahrhundert vor Christus. Vom 11. bis zum 13 Jahrhundert entwickelten sie sich zur stärksten Macht im Transkaukasus. Um sich der wachsenden Macht der Perser zu entziehen, wurde 1783 ein Schutzvertrag mit Russland geschlossen, auf den 1801 die Annexion erfolgte. (vgl. Quiring, 2016, S. 40.)

Darin lässt sich eine erste russische Einflussnahme auf die Kaukasusregion sehen. Das Zarenreich hatte die strategische Wichtigkeit Georgiens als Brücke zwischen Orient und Okzident, dem Schwarzen und dem Kaspischen Meer sowie Europa und Asien erkannt. Doch die Georgier kämpften immer wieder um Selbstständigkeit.

Am 26. Mai 1918 wurde schließlich die Demokratische Republik Georgien ausgerufen. Während man am 7. Februar 1921 noch die völkerrechtliche Anerkennung Georgiens feierte, fielen bolschewistische Truppen ein. (vgl. Ammon, 2015, S. 209 f.) Georgien trat der Transkaukasischen Föderativen Sowjetrepublik bei.

1.2 Wer sind die Südosseten?

Die Südosseten sind ein eng mit den Iranern verflochtenes Volk, das sich im frühen Mittelalter in ihrer heutigen Region, südlich und nördlich des großen Kaukasus angesiedelt hat. (vgl. De Waal, 2010, S. 135.)

Zwischen dem 16. und 18. Jahrhundert entwickelte sich das heutige Ossetische Volk. Die Osseten sind mehrheitlich christlich-orthodox und blieben dem Zaren gegenüber loyal. Im Südkaukasus treten die Osseten für mehr Selbstbestimmungsrechte gegenüber den Georgiern ein. Sie wurden von Restgeorgien lange isoliert. Georgien argumentierte, dass es durch den großen Kaukasus eine natürliche Grenze gebe, und demzufolge Südossetien zur Gänze auf georgischem Territorium liege. Die Südosseten seien zudem erst im 17. Jahrhundert als Gäste in diese Region gekommen. (vgl. König, 2018, S. 138 f.)

Im März 1918 weigerten sich die Südosseten, der damaligen Demokratischen Republik Georgien beizutreten. Damals meinten sie, sie fühlten sich eher ihren iranischen Stammesbrüdern im Norden als Tiflis verbunden. Die Menschewiki in Tiflis stellten eine Garde auf und schlugen den ossetischen Aufstand blutig nieder. Die Bolschewiken machten sich diese Situation zunutze, und brachten die Südosseten gegen die Georgier auf. (vgl. Ammon, 2015, S. 203 f.)

Diese Gewaltanwendung seitens der Regierung in Tiflis hatten die Südosseten bis in die 1980er Jahre hinein nicht vergessen. Die Georgier behaupteten, dass es bei diesen Konflikten nicht um die Völker, sondern um politische Differenzen zwischen Bolschewiki und Menschewiki gegangen sei.

1.3 Wer sind die Abchasen?

Schon seit der Antike bildet die Region Abchasien einen Durchzugsraum zwischen dem Kaukasus und der Schwarzmeerküste. Im 8. Jahrhundert entstand in dieser Region ein abchasisches Königreich, welches sich 989 mit dem georgischen vereinte. 1810 wurde Abchasien Teil des Zarenreichs. (vgl. Gruska, 2018, S. 112.)

1866 und 1877 kam es zu Aufständen in Abchasien. In Folge der Kaukasuskriege emigrierten hunderttausende Abchasen ins Osmanische Reich und machten die Hinterbliebenen zu einer Minderheit im eigenen Land. (vgl. Schmidt, 2009, S. 103.)

Bis zum Zerfall des Zarenreichs 1917 war Abchasien ein Teil des russischen Reiches. 1918 fand ein bolschewistischer Aufstand statt, welcher von den georgischen Menschewiki niedergeschlagen wurde, woraufhin Abchasien von Georgien annektiert wurde. Erst durch die sowjetische Eroberung Georgiens 1921 wurde neben der Sozialistischen Sowjetrepublik Georgien zusätzlich eine Sowjetrepublik Abchasien gegründet. (vgl. Gruska, 2018, S. 112 f.)

Die Abchasen wollten seit den Georgisch-Abchasischen Auseinandersetzungen von 1918 nichts mehr mit den Georgiern zu tun haben und berufen sich seitdem auf ihre Selbstständigkeit als unabhängige Republik Abchasien.

Von der sowjetischen Eingliederung Georgiens 1921 bis zum Ende der 1980er Jahre wurden die Konflikte in Südossetien und in Abchasien durch die Sowjetherrschaft weitgehend unterdrückt. Erst als die Tage der Sowjetunion gezählt waren, konnten diese alten Konflikte wieder an die Oberfläche kommen. In Georgien war derweilen der Nationalismus geweckt worden. Die Georgier plädierten von nun an offiziell für die Unabhängigkeit von der Sowjetunion. Die Gallionsfigur dieser Bewegung war Swiad Gamsachurdia. Unter ihm sollte Georgien nicht nur seine Unabhängigkeit wiedererlangen, sondern auch alte Wunden, betreffend die sezessionistischen Provinzen Abchasien und Südossetien, die bereits in der Vorsowjetzeit entstanden sind, wieder aufbrechen.

2. Georgia First-Gamsachurdias Nationalismus

Schon zu Beginn der 1970er Jahre entstanden erste Unabhängigkeitsbewegungen in der gesamten Sowjetunion. Im Herbst 1988 entstand endgültig eine nationale Massenbewegung, die den sowjetischen Einfluss ablehnte. Nach einer Demonstration in der Stadt Lykhny, worin die Abchasen die Abtrennung Abchasiens von Georgien forderten, kam es zu einer regelrechten Protestwelle im Kernland Georgiens, geführt von zwei Regierungskritikern Merab Kostava und Swiad Gamsachurdia. Sie kritisierten Moskaus Unterstützung der Demonstrationen.

Swiad Gamsachurdia war während der 1950er und 1960er Jahre ein bekannter Menschenrechtsaktivist. Vom Westen wurde sein Nationalismus als Anti-Sowjet-Bewegung hochgepriesen. Tatsächlich war er ein nationalistischer Populist. (vgl. Jones, 2015, S. 54 f.)

„Down with Russian imperialism" (zitiert nach De Waal, 2010, S. 132.) war der Schlachtruf der im Frühling 1989 stattfindenden Anti-Russland-Demonstrationen auf der Rustaveli-Avenue in Tiflis, die von Kostava und Gamsachurdia geleitet wurden. In der Nacht von 8. auf 9. April wurden diese Proteste durch die Rote Armee beendet. Im November 1989 verurteilte der georgische oberste Gerichtshof die Annexion Georgiens durch die Sowjetunion im Jahr 1921 als völkerrechtswidrig. Es kam zu Neuwahlen. Gamsachurdia, der grundsätzlich Minderheiten gegenüber sehr kritisch eingestellt war, forderte eine Reform des Wahlrechts. (vgl. De Waal, 2010, S. 132 f.)

Dadurch sollten Randgruppen, wie etwa Osseten und Abchasen aber auch Armenier und Aserbeidschaner von der Wahl ausgeschlossen werden, da sie nicht in ganz Georgien vertreten waren.

Gamsachurdia konnte die Wahlen mit deutlichem Vorsprung gewinnen und erklärte am 9. April 1991 die Unabhängigkeit Georgiens. Abchasien und Südossetien werden in der Unabhängigkeitserklärung nur indirekt mit dem Satz: „The territory of the sovereign Republic of Georgia is united and indivisible" (zitiert nach De Waal, 2010, S. 134.) erwähnt.

2.1 Swiad Gamsachurdia

Gamsachurdia sah sich selbst als Nachfolger der ehemaligen georgischen Könige, die keine Minderheiten duldeten. Er glaubte an eine halbmythische, reinrassige Vergangenheit der Georgier und wollte Georgien den Georgiern zurückgeben. Gamsachurdia wollte verlorene Traditionen durch nationale Symbole, Festivals, georgische Straßennamen und die Glorifizierung der georgischen Sprache wiederherstellen.

> „Gamsachurdias Regime, like that of emporer Louis Napeoleon was governed with political consent, elections, and referenda – but it was backpacked by populist ideas and nondemocratic structures." (Jones, 2015, S. 54.)

2.2 Südossetien

Gegen Ende der 1980er Jahre hatte sich eine nationale Bewegung in Südossetien formiert. Die Südosseten fühlten sich nicht dem georgischen Staat zugehörig und fordern ihre Souveränität. Die Georgier wollten das nicht akzeptieren.

Im August 1989 spitzte sich die Situation zu, als die Führung in Tiflis die georgische Sprache per Gesetz zur alleinigen Amtssprache der gesamten georgischen SSR machen wollte. Daraufhin erklärten die Südosseten am 20. September 1990 ihre Unabhängigkeit und boykottierten die georgischen Parlamentswahlen. Im Jänner 1991 kam es wegen des Zerfalls der Sowjetunion zu einem gewaltsamen Konflikt um Südossetien. Georgische Nationalisten besetzten die südossetische Hauptstadt Zchinwali. (vgl. König, 2018, S. 141.)

Die humanitäre Situation war katastrophal und wird von Meda, einer georgischen Frau aus Kemerti, einem Dorf nördlich von Zchinwali wie folgt beschrieben:

> „We have no groceries, no food, and no way to bring goods in. There is only one road to Tskinvali, and soldiers shoot along it. To get food we have to go fifteen kilometers through thick woods, and it's dangerous" (zitiert nach De Waal, 2010, S. 141.)

Unter dem Vorwand, der Bevölkerung zu helfen, schickte Moskau fünfhundert Soldaten des sowjetischen Innenministeriums, die bis zu ihrem Abzug 1992 für die südossetische Seite eingriffen. (vgl. König, 2004, S. 5.)

Am 29. Mai 1992 erklärten die Südosseten erneut ihre Unabhängigkeit von Georgien. Es kam zu heftigen Auseinandersetzungen zwischen paramilitärischen Verbänden beider Konfliktparteien, wodurch gewaltige Flüchtlingsströme ausgelöst wurden.

2.3 Aufstände in Abchasien

Auch die Abchasen wollten sich nicht in den Staat Georgien eingliedern. Forderungen nach größerer Souveränität innerhalb Georgiens wurden von Tiflis abgelehnt. Daraufhin kam es zu ethnischer Diskriminierung von Georgiern in Abchasien.

Am 25. August 1990 verabschiedeten die Abchasen eine „Deklaration über die Souveränität der Abchasischen SSR" (Auch, 2004, S. 10), um Abchasien als Unionsrepublik innerhalb der UdSSR wiederherzustellen. Gleichzeitig kamen eine antigeorgische Stimmung und der Wunsch nach einer Regelung durch die UdSSR auf. In Tiflis wurden diese Entwicklungen als Bedrohung der georgischen Souveränität gesehen. Mit dem Sieg Gamsachurdias bei den Wahlen 1990 radikalisierten sich die Forderungen der Georgier. Abchasien sei ihrer Meinung nach Georgien. (vgl. Auch, 2004, S. 10 f.)

Gamsachurdia sollte es nicht mehr gelingen, diese aufkommenden Konflikte zu deeskalieren. Denn auch innenpolitisch hatten sich einige Georgier gegen ihn gestellt.

2.4 Georgier gegen Georgier-der Bürgerkrieg

Im August 1991 kam es zum Wendepunkt der politischen Karriere Gamsachurdias. Der ehemalige Kommandant seiner Garde, Tengiz Kitowani lehnte sich gegen Gamsachurdia auf. Darauffolgende Demonstrationen der Opposition wurden von georgischen Polizisten und Militärs niedergeschlagen.

„For Georgians, after so many imagined decades of solidarity against the distant colonial center, this was traumatic. Georgians were firing on Georgians." (Jones, 2015, S. 69.)

Am 21. September kam es während einer Rede Gamsachurdias zu einem blutigen Zusammenstoß zwischen Gamsachurdias und Kostavas Anhängern. Es gelang der Opposition, Gamsachurdia zu stürzen. Am 6. Jänner 1992 floh er aus Georgien. (vgl. Jones, 2015, S. 70.)

Gamsachurdia sollte aber beim georgischen GUS-Beitritt noch eine entscheidende Rolle spielen.

„The first popularly elected non-communist president in Georgia's history became the first ex-president after 15 months in power. That such a small and disorganized force of students, opportunists, military volunteers and ex-cons could overthrow the president revealed how shallow Gamsakhurdia's authority had become." (Jones, 2015, S. 71.)

Zurück blieb ein zerrütteter und vom Bürgerkrieg geprägter, nicht lebensfähiger Failed-State. Dieser wurde von den Milizen Kitowanis, Iossellianis und anderer Kriegsherren kontrolliert.

3. Ein Sowjet wird Präsident: Schewardnadse

„Everything is in ruins... we must roll up our sleeves and work to get things done." (zit. n. Jones, 2015, S. 75.)

Diese Worte sprach der spätere georgische Präsident und ehemalige sowjetische Außenminister Eduard Schewardnadse bei seiner Ankunft in Georgien, am 7. März 1992. In einer darauffolgenden direkten Präsidentschaftswahl wurde er mit 72,9% der Stimmen zum georgischen Staatsoberhaupt gewählt. (vgl. Jones, 2015, S.75 f.)

Schewardnadse wurde eingeladen, um den Sturz Gamsachurdias nach außen zu legitimieren. Ioseliani und Kitowani spekulierten darauf, dass sein guter internationaler Ruf Georgien dienen könnte und zu besseren Beziehungen mit dem Westen und mit Russland verhelfen könnte. Wurde er offiziell ins Land geholt, um Georgien zu demokratisieren, schien er doch eher als ideale Marionette Kitowanis und Iossellianis. Doch sie sollten sich noch in ihm täuschen. Er übernahm bald schon die Macht und setzte sich gegen Kitowani und Ioseliani durch.

3.1 Die Probleme Georgiens

Der junge Staat Georgien stand vor einem Bürgerkrieg mit den abtrünnigen Regionen Südossetien und Abchasien. Die Georgier konnten ihre Grenzen nur unzureichend schützen. Innenpolitisch war Georgien keineswegs ein Vorbild: Korruption war allgegenwärtig und die Kriminalitätsrate drohte zu explodieren. Außenpolitisch trat Schewardnadse dafür ein, mit den Russen zu kommunizieren und ausländische Investoren anzulocken. Aber auch in den russischen Kreisen war man nicht gut auf Schewardnadse zu sprechen, da man ihm eine Mitschuld am Untergang der Sowjetunion gab. (vgl. Jones, 2015, S. 77 f.)

3.2 Es geht wieder bergauf im Kaukasus

Bereits während seiner ersten 100 Tage im Amt konnte Schewardnadse einige Erfolge verbuchen. Es gelang ihm eine Delegation der Weltbank und des IWF nach Tiflis zu holen. (vgl. Schewardnadse, 2007, S. 249.)

Während eines Besuches des deutschen Außenministers Hans-Dietrich Genscher im April 1992 wurde den Georgiern die Unantastbarkeit ihrer Grenzen zugesichert. Durch die Aufnahme wirtschaftlicher und diplomatischer Beziehungen zu Deutschland konnte Georgien einen zuverlässigen Partner gewinnen. Humanitäre Hilfe begann in Georgien einzutreffen. (vgl. Schewardnadse 2007, S. 251f.)

Im August 1992 wurde der noch aus der Gamsachurdia-Zeit stammende Ausnahmezustand aufgehoben. Es gab einige produktive Treffen zwischen Schewardnadse und dem russischen Präsidenten Boris Jelzin, im Rahmen derer eine Waffenruhe für die abtrünnige Provinz Südossetien beschlossen wurde. (vgl. Jones, 2015, S. 84.)

1993 war ein außenpolitisch höchst erfolgreiches Jahr. Am 23. März wurde Georgien von der damaligen EWG (heute: EU) anerkannt, im Juli desselben Jahres wurde ein georgisch-türkischer Freundschaftsvertrag unterzeichnet. Georgien wurde als das 179. Mitglied der UN anerkannt. (vgl. Jones, 2015, S. 85.)

Auch wichtige Wirtschaftsreformen wurden endlich ernsthaft in Angriff genommen. Zwischen 1992 und 1995 gab es einige Liberalisierungswellen in der georgischen Wirtschaft, um endlich wirtschaftlichen Fortschritt zu ermöglichen.

Preise wurden dem Markt überlassen, Unternehmen privatisiert, das Steuer- und Bankensystem verbessert und eine neue Währung, der Cupon wurde eingeführt, um unabhängiger vom russischen Rubel zu werden. Die Hyperinflation wurde unter Kontrolle gebracht. (vgl. Jones, 2015, S. 92 f.)

Doch es ging nicht wirklich voran. Viele nichtwirtschaftliche Faktoren trugen maßgeblich zur ungünstigen Situation in Georgien bei.

Durch den Krieg in Abchasien waren wichtige Handelsrouten blockiert. Außerdem wurde die Versorgung mit Öl und Gas beeinträchtigt. 250.000 verarmte Binnenflüchtlinge, die Abwanderung der Jugend und zunehmende Kriminalität waren weitere Probleme, mit welchen das junge Georgien zu kämpfen hatte. (vgl. Jones, 2015, S. 94.)

Schewardnadses Regierungsstil entwickelte sich zunehmend autoritär. Die versprochene Demokratisierung geriet mehr in den Hintergrund.

3.3 Blut auf den Straßen Sochumi und Zchinwalis

Russland benutzte die sezessionistischen Regierungen in den Gebieten Südossetien und Abchasien, um Georgien dadurch zu destabilisieren und dadurch in seiner Abhängigkeit zu halten. Unter der Regentschaft von Schewardnadses Vorgänger Gamsachurdia verschärfte sich der Konflikt in der separatistischen Provinz Südossetien. Dieser Konflikt mündete in einen Krieg zwischen Georgien und Südossetien, mit dessen Aufarbeitung Schewardnadse nun beschäftigt war.

Etwa 1000 Menschen fielen im Konflikt von 1991/92 in Südossetien. Erst durch die Machtergreifung Schewardnadses fanden die Konfliktparteien an den Verhandlungstisch zurück. (vgl. König, 2018, S. 141.)

Südosseten und Georgier sahen ein, dass eine friedliche Lage wiederhergestellt werden musste. Dies könne nur durch diplomatische Gespräche unter Miteinbeziehung Russlands funktionieren.

Am 10. Juni 1992 unterzeichneten Schewardnadse und der russische Präsident Boris Jelzin das Sotchi-Abkommen, in welchem eine gemeinsame Friedenstruppe, die JPKF (Joint Peacekeeping Forces) vorgesehen war. (vgl. König, 2018, S. 142 f.)

Aus georgischer Sicht waren die Russen keineswegs neutrale Vermittler, da sie bereits aktiv auf Seiten der Südosseten eingriffen hatten. Daher konnte eine essenzielle Konfliktursache, nämlich die Unterstützung Russlands der abtrünnigen Provinzen nicht beseitigt werden. Immerhin war vorgesehen, dass russische Truppen georgisches Territorium räumen mussten.

Zwischen 1996 und 1998 fanden regelmäßig konstruktive Treffen zwischen dem georgischen Präsidenten Schewardnadse und dem Vertreter der Südosseten statt. Trotzdem blühte der Schmuggel durch den Roki-Tunnel, der Nordossetien mit Südossetien verband. Der Schmuggel stellte eine rentable Einnahmequelle dar, weshalb nicht wirklich alle beteiligten Konfliktparteien an einer Lösung des Konfliktes interessiert waren. (vgl. König, 2004, S. 8.)

2001 wurde Eduard Kokoity zum Präsidenten Südossetiens gewählt. Er wählte einen härteren Kurs gegenüber den Georgiern. (vgl. König, 2004, S. 11.)

Auch in Abchasien begann sich um 1992 die Situation hochzuschaukeln. In Sochumi, der Hauptstadt Abchasiens, kam es zu einem Verfassungskonflikt über den zukünftigen Status der autonomen Republik. Die Abchasen wollten direkt unter russische Verwaltung gestellt werden. Unter dem Vorwand, Terrorismus zu bekämpfen und Sezessionsbestrebungen einzudämmen, marschierten Truppen der Georgier in Sochumi ein.

Diese waren in Wahrheit paramilitärische Gruppen, deren Entwaffnung Schewardnadse nach seiner Machtergreifung verabsäumt hatte. Mit Teilen dieser Gruppen marschierte Kitowani im August 1992 in Abchasiens Hauptstadt Sochumi ein und entmachtete das Parlament. Schewardnadse übernahm die politische Verantwortung dafür. (vgl. Gruska, 2018, S. 115.)

Schewardnadse forderte die NATO auf, sich in Abchasien einzumischen. In Moskau wurde diese Aufforderung als Provokation gesehen. Von da an änderte sich die russiche Haltung im

Abchasienkonflikt grundlegend. Die in Abchasien stationierten russischen Truppen griffen nun aktiv auf der Seite Abchasiens ein.

Im Oktober 1993 hatte sich der Kriegsverlauf zu Gunsten der Abchasen verändert. Die Georgier wurden immer stärker zurückgedrängt. Es kam im Mai 1994 zu einem Waffenstillstandsabkommen. (vgl. Gruska, 2018, S. 115.)

Gamsachurdia sah seine Chance wiedergekommen, sich an die Macht zu kämpfen. Schewardnadse konnte nur mit russischer Unterstützung den Wiederaufstieg Gamsachurdias verhindern. Als Gegenleistung musste Georgien der GUS beitreten, wodurch Schewardnadse weite Zustimmung in der Bevölkerung verlor. Außerdem wurden russische Truppen in Georgien stationiert. Die Russen waren die großen Kriegsgewinner im Abchasienkonflikt. Sie schafften es, Schewardnadses Georgien klein zu halten und ihren Einfluss in diesem wichtigen Teil der Schwarzmeerküste zu vergrößern.

„Die ungelöste Abchasienfrage wurde von Russland benutzt, um Georgien zu einer engeren politischen und militärischen Zusammenarbeit zu zwingen." (Manutscharjan, 2009, S. 97.)

Für Georgien hatte dieser Krieg jedoch katastrophale Folgen. Die Bevölkerung in Abchasien war dadurch noch stärker anti-georgisch eingestellt.

1994 änderte sich die russische Einstellung gegenüber Georgien. Unabhängigkeitsbestrebungen in der Region Tschetschenien öffneten dem russischen Präsidenten Boris Jelzin die Augen und er konnte Schewardnadses Bedürfnis, die separatistischen Provinzen zu reintegrieren nachvollziehen. Im Mai 1994 kam es daher zu einem Friedensvertrag zwischen den Russen und Georgiern, in dem demilitarisierte Zonen um die separatistischen Regionen eingerichtet wurden, welche von 2 500 GUS-Soldaten und 136 UN-Berichterstattern überwacht werden sollten. (vgl. Rayfield, 2012, S. 386.)

Im Jahr 2001 erlebten die Abchasen einen neuen Aufstand. (vgl. De Waal, 2010, S. 198 f.)

Im Kodori Tal bildete sich eine gemischte Gruppe aus georgischen Kriegern und anderen Kaukasen, welche Städte in Abchasien angriffen. Die georgische Regierung bestritt Zusammenhänge, dennoch hatte das Vertrauen der abchasischen Bevölkerung gegenüber der georgischen Regierung weiter abgenommen.

3.4 Schewardnadses Erbe

Während Schewardnadses Regierungszeit schaffte das erste mehrheitlich gewählte Parlament die Grundlagen für eine Demokratie. Mit amerikanischer und europäischer Hilfe wurde eine neue Verfassung ausgearbeitet. Um die Georgier finanziell wieder voran zu bringen, wurden ihnen 70 Millionen US-Dollar von den USA zugesprochen. Im Dezember desselben Jahres begann ein IWF-Hilfsprojekt, um die Bankenreformen und die Stabilisierung des Cupons zu ermöglichen. Den Georgiern wurden zudem 850 Millionen US-Dollar Schulden erlassen. (vgl. Jones, 2015, S. 101 f.)

Auch energiepolitisch konnte Schewardnadse einen großen Erfolg verzeichnen. Er schaffte es, die BTC-Pipeline (Baku-Tiblissi-Ceyhan-Pipeline) durch Georgien zu führen, und gab Georgien damit eine Schlüsselposition in der Energieversorgung Europas.

1999 schaffte er mit Russland ein Abkommen, in dem festgelegt wurde, die Russen ihre Truppen vom georgischen Staatsgebiet abziehen müssten. (vgl. De Waal, 2010, S. 188 f.)

Aber die grundlegendsten Probleme, die separatistischen Bewegungen in Abchasien und Südossetien verblieben größtenteils ungelöst.

3.5 Der Untergang durch die Rose – Rosenrevolution

„Had Schewardnadse stood down in 2000, he would have been remembered as the savior of the new Georgia, but his last three years in office were characterized by drift and corruption." (zit. n. De Waal, 2010, S. 189.)

Nach zwei Attentaten auf Schewardnadse 1995 und 1998 und den militärischen Revolutionen von 1999 bzw. 2001 hatte die politische Stabilität in Georgien wieder gewaltig abgenommen. (vgl. Küchholz, 2005, S. 8 f.)

Vor den Parlamentswahlen im November 2003 hofften die Georgier auf einen politischen Neuanfang. Ihre Hoffnung hatte einen Namen: Schewardnadses ehemaliger Justizminister, Michaeil Saakaschwili.

Doch die Wahl fiel für den Amtsinhaber Schewardnadse aus, der offiziell mit 23,1% der Stimmen als Sieger aus dieser Wahl hervorgegangen. Dazu meinte Schewardnadse:

„Ich bin mit dem Ergebnis wirklich zufrieden. Es gab Verstöße, Ungenauigkeiten in den Wählerlisten, sowie Gewalt und Einschüchterung. Einige Abgeordnetenkandidaten verletzten das Gesetz und wandten Gewalt an, was empörend ist. Aber das reale Ergebnis wird von einzelnen, konkreten Verstößen nicht verändert." (zit. n. Küchholz, 2005, S. 12.)

Die Opposition war empört und mobilisierte ihre Anhänger. Am 22. November 2003 stürmten sie das georgische Parlament. Noch am selben Abend erklärte Schewardnadse seinen Rücktritt. (vgl. Küchholz, 2005, S. 13 f.)

4. Saakaschwili: Vom Boom zum Bauchfleck…

„People compare my style to that of JFK, but in terms of substance, I feel much closer to Ataturk or Ben Gurion or General de Gaulle – people who had to build nation states. Schewardnadse had the chance to become the founding father of the nation, but he missed that chance, so now I have this honor to become one, along with my friends." (zit n. De Waal, 2010, S. 194.)

Nur einige Monate nach dem Beginn des Jahres 2004 wurde Michaeil Saakaschwili mit 96 % der Stimmen ins Amt des Präsidenten gewählt. Er hatte es sich als Ziel gesetzt, Georgien zu vereinen, zu stärken und die Souveränität wiederherzustellen. (vgl. De Waal, 2010, S. 194.)

4.1 Reformen unter Saakaschwili
Saakaschwili unterzog Georgien einer Reihe dringender Reformen:

Innenpolitisch verwandelte er Georgien von einer semiparlamentarischen Republik in eine präsidiale Republik. Dadurch verlor das Parlament an Einfluss. Auch die Korruption bekämpfte er radikal. Minister, die sich unter dem alten Regime bereichert hatten, ließ er festnehmen und medienwirksam bestrafen. Auch wirtschaftlich brachte er einige wichtige Reformen auf die Reihe. Das Zoll- und Steuersystem, sowie bürokratische Prozesse wurden vereinfacht, Firmen wurden dazu verpflichtet, ihre Einnahmen offenzulegen. (vgl. De Waal, 2010, S. 194 f.)

Die Wirtschafts- und vor allem Privatisierungsreformen führten dazu, dass die EU sowie immer mehr ausländische, private Banker Kredite in Georgien vergaben. Dadurch konnten Löhne, Gehälter und Pensionen angehoben werden.

Durch diese Reformen gelang es Saakaschwili den Staatshaushalt zu verzehnfachen. Dieser stieg von 350 Millionen $ im Jahr 2004 auf 3,5 Milliarden $ im Jahr 2006 an. (vgl. De Waal, 2010, S. 195.)

4.2 Saakaschwilis Außenpolitik
Unter Saakaschwili gab es besonders enge Beziehungen zwischen Georgien und den Vereinigten Staaten. US-Präsident George W Busch drückte sich so aus:

„I am impressed by this leader, I am impressed by his vision, I am impressed by his courage. I am heartened by the fact that we have such a strong friend, a friend with whom we share values." (zit. n. De Waal, 2010, S. 197.)

Eines von Saakaschwilis Hauptzielen war es aber wieder bessere Beziehungen mit Russland aufzubauen.

Saakaschwilis erste Amtsreise unternahm er im Februar 2004 nach Russland. Dort traf er sich dort mit Wladimir Putin. (vgl. De Waal, 2010, S. 197.)

In diesem Treffen willigten die Russen ein, ihren politischen Günstling in Adscharien, (siehe Abb. 2) einer georgischen, separatistischen Provinz an der Grenze zur Türkei, Aslan Abaschidse nicht länger zu unterstützen. Dieser hatte begonnen, Adscharien von Georgien abzuschneiden. (vgl. Rayfield 2012, S. 393.)

4.3 Adscharien, Abchasien und Südossetien

Dadurch, dass Russland von nun an nicht mehr hinter Abashidze stand, konnte Saakaschwili sich der Reintegration der separatistischen Provinz Adscharien widmen. Saakaschwili stellte Abashidze ein Ultimatum.

Anmerkung der Redaktion: Diese Abbildung wurde aus urheberrechtlichen Gründen entfernt, ist aber aufgrund des Abbildungsverzeichnisses gut nachvollziehbar

Abb. 2: Lage Adschariens

Daraufhin trat Abashidze am 6.Mai 2004 zurück und floh. Saakaschwili nahm den Adscharen sämtliche Privilegien, bis sie nur noch einen theoretischen Sonderstaus hatten. (vgl. De Waal, 2010, S. 195.)

Im Mai 2004 wollte Saakaschwili Südossetien und Abchasien mit derselben Strategie wie Adscharien zurückgewinnen, jedoch gab es entscheidende Unterschiede. Erstens gab es zwischen Adscharen und Georgiern keine ethnischen Differenzen. Zweitens hat es nie eine kriegerische Auseinandersetzung zwischen Adscharen und Georgiern gegeben. Drittens hatten sich die Adscharien nie offiziell für unabhängig von Georgien erklärt. Es gab zwischen Adscharien und Georgien eine durchaus liberalere Grenzpolitik. Letztendlich grenzt Adscharien nicht an Russland an.

Saakaschwili wollte Südossetien unbedingt reintegrieren, da es einen Keil in das georgische Territorium hineintreibt. Außerdem liegt Südossetien direkt neben dem Kura-Tal, der Hauptverbindung zwischen Ost- und Westgeorgien, und der Route der georgischen Gas-Pipelines. Zudem wollte er den Schmuggel in Südossetien stoppen.

Um ein besseres Verhältnis zu seinen Nachbarn in Südossetien und Abchasien zu haben, gab er Freundschaftserklärungen in abchasischer und ossetischer Sprache ab und entwaffnete georgische Gruppen in Abchasien. Im Februar 2004 ernannte er Giorgi Khaindrava zum Konfliktlösungsminister. Saakaschwilis Beauftragter für Abchasien, Irakli Alasania konnte Respekt unter der abchasischen Bevölkerung gewinnen. (vgl. De Waal, 2010, S. 201.)

Am 23. Mai 2004 fanden in Südossetien Präsidentschaftswahlen statt. Diese konnte Eduard Kokoity, der die Vereinigung mit Nordossetien, also die Eingliederung in die russische Föderation zu seinem Hauptziel erklärt hatte, gewinnen. Dadurch breitete sich eine starke anti-georgische Stimmung aus. (vgl. König, 2018, S. 143.)

4.4 Schmuggelbekämpfung 2004

Seit dem Beginn des Jahres 2004 wurde in Georgien immer häufiger betont, dass

> „...sollten die friedlichen Mittel zur Konfliktlösung ausgeschöpft sein, die Kaukasusrepublik gezwungen sein werde, mit militärischen Mitteln die territoriale Integrität des Landes wiederherzustellen." (Manutscharjan, 2009, S. 54.)

Die Führung in Tiflis entschied sich dazu, eine Schmuggelbekämpfungsaktion zu starten, im Zuge derer georgische Truppen in südossetisches Territorium vordrangen. (vgl. König, 2004, S. 11.)

In Tiflis hielt man diese Aktion für dringend notwendig, um Stabilität und Wirtschaftswachstum in der Region zu ermöglichen. Der georgische Staat benötigte die Stabilität, um als Transitland für Erdöl und Erdgas zu fungieren. Außerdem wollte man durch diese Aktion der separatistischen Regierung eine wichtige Einnahmequelle, den Schmuggel entziehen und sie dadurch wirtschaftlich abhängiger von Tiflis machen.

Es kam zu vereinzelten Gefechten mit südossetischen Milizen. Durch diese Aktion wurde das georgisch-südossetische Vertrauen deutlich verschlechtert. Russland begann sich verstärkt in Südossetien zu engagieren, indem es wichtige Ministerien, wie etwa das Innen- und Verteidigungsministerium besetzte. (vgl. Halbach, 2010. S. 14.).

Um keinen Krieg zu provozieren, zogen die georgischen Militäreinheiten wieder ab. Im August 2004 wurde ein Waffenstillstand vereinbart.

Nach diesem kleinen Intermezzo in Südossetien reformierte Saakaschwili seine Armee.

Die Wehrpflicht wurde abgeschafft und stattdessen ein Berufsheer eingeführt. Die Ausbildung der georgischen Soldaten wurde von den Vereinigten Staaten übernommen. Die georgischen

Militärausgaben stiegen 2007 und 2008 auf 8 % des Bruttoinlandprodukts. (vgl. Lawrow, 2008, S. 35.)

Während Saakaschwili seine Popularität in Georgien erhöhen konnte, sahen Georgiens Gegner in Südossetien bzw. in Abchasien und ihrer Schutzmacht Russland klare Kriegsvorbereitungen in dieser Entwicklung.

Saakashvili forderte, dass die Anzahl der russischen Truppen, die in Südossetien stationiert waren, reduziert werden sollte. Das russisch-georgische Verhältnis wurde dadurch entschieden geschwächt. Auch mit Saakashvilis Erklärung, Georgien verfolge einen langfristigen NATO-Beitritt, wurde erneut Salz in die Wunden gestreut. Durch Saakashvilis Unterstützung der Orangen Revolution in Kiew wurde er zum Feind Putins. Auf der anderen Seite konnte er seine Popularität innerhalb Georgiens erhöhen, da er einen starken Mann darstellte. (vgl. Rayfield, 2012, S. 394.)

4.5 Count-down to war:

Ab 2006 kam es zwischen Russland und Georgien wiederholt zu Problemen. Die Situation spitzte sich immer weiter zu. Eine Eskalation erschien über kurz oder lang unausweichlich. Es wurden gegenseitig wirtschaftliche Steine in den Weg gelegt, und provokante Militärübungen betrieben.

So warf Georgien Russland vor, mehr als doppelt so viele Soldaten in Südossetien stationiert zu haben, als laut Sotchi-Abkommen zugelassen war. Die Georgier forderten den Abzug der russischen Sicherheitskräfte und eine internationale Polizeitruppe. Russen und Südosseten lehnten ab. (vgl. König, 2018, S. 142.)

Im Juni und Juli 2006 setzte Saakshvili beide Konfliktlösungsminister, Alasania und Khaindrava ab, und installierte eine abchasische Exilregierung in der Kodori Schlucht. Die Abchasen sahen in dieser Aktion eine Verletzung des 1994 ausgehandelten Friedensvertrages und zogen sich aus sämtlichen Verhandlungen mit den Georgiern zurück. (vgl. De Waal, 2010, S. 204 f.)

Russland antwortete prompt mit wirtschaftlichen Sanktionen.

Russland bannte den Import von georgischen Weinen und von Mineralwasser im März 2006. Im September gab die georgische Regierung an, russische Spione aufgegriffen zu haben, woraufhin Russland am 3. Oktober sämtliche Zugverbindungen, Straßen und Postwege nach Georgien schloss. Illegale georgische Immigranten wurden aus Russland ausgewiesen. (vgl. De Waal, 2010, S. 204 f.)

In einem am 12. November 2006 stattgefundenen Referendum über die Unabhängigkeit Südossetiens stimmten 99% der Bürger Südossetiens dafür. Die finnische EU Ratspräsidentschaft verurteilte das Referendum als „unfair, unnötig und nicht hilfreich":

„The referendum contradicts Georgia's sovereignty and territorial integrity within its internationally recognized borders." (zit. n. Kunze, 2008, S. 2.)

Dagegen ließ das russische Außenministerium von sich hören:

„Ob man es mag oder nicht, wir haben es hier mit der freien Meinungsäußerung des Volkes von Südossetien zu tun, die durch demokratische Prozeduren zu Stande gekommen ist." (zit. n. Kunze, 2008, S. 2.)

2007 begannen zwei internationale Kräfte auf diese Situation einzuwirken. Erstens hoffte Georgien inständig in den Membership Action Plan (MAP) der NATO aufgenommen zu werden. Russland zeigte hier allerdings eine rote Line auf. Zweitens sorgte die westliche Unterstützung der Unabhängigkeit des Kosovo für eine zunehmende Versteifung der Positionen der Führer Abchasiens und Südossetiens.

Saakashvili hielt weiterhin daran fest, den Konflikt bis zum Ende seiner ersten Amtszeit, im Jänner 2009 zu lösen.

Deswegen wuchs Georgiens Militärbudget innerhalb von 4 Jahren von 30 Millionen US-Dollar im Jahr 2003 auf 940 Millionen US-Dollar im Jahr 2007. (vgl. Stammer, 2011, S. 8.)

Eine baldige Eskalation begann sich bereits abzuzeichnen. Saakashvili gab im Februar 2008 bekannt, er plane die georgische Hauptstadt von Tiflis nach Sochumi zu verlegen. Gleichzeitig wurde das georgische Truppenkontingent im Kodori-Tal, an der Grenze zu Abchasien verstärkt. Auch Russland begann Truppen nach Abchasien zu verlegen. (vgl. De Waal, 2010, S. 209)

Im März 2008 gab Saakshvili einen Friedensvorschlag für Abchasien ab, in welchem ihnen umfassende Autonomierechte zugeschrieben wurden. Doch die Abchasen lehnten ab. (vgl. Pleines, Schröder, 2008, S. 6.)

Auf einem darauffolgenden NATO Gipfel von 2. bis 4. April 2008 in Bukarest wurde weder Georgien noch der Ukraine eine Aufnahme in den MAP angeboten. (vgl. Pleines, Schröder, 2008, S. 15.)

Dennoch begannen die russischen Behörden diplomatische Beziehungen zu Abchasien und Südossetien aufzunehmen. Zusätzlich wurden Truppenverstärkungen nach Abchasien entsandt.

Deswegen „(…) änderte Saakaschwili seine Taktik und erhöhte die Temperatur der Konflikte, um sie aus ihrem eingefrorenen Zustand zu befreien." (Manutscharjan, 2008, S. 3.) Russland warnte die georgische Regierung, dass man im Falle einer Eskalation eingreifen würde.

Ende April kam es zu vereinzelten Gefechten an den Grenzen zu Südossetien bzw. zu Abchasien. Die Georgier hofften, dass durch eine mögliche Eskalation die russischen JPFK-Truppen durch internationale Truppen der EU oder OSZE ersetzt werden würden. An die russischen Truppen Im Nordkaukasus wurde der Befehl erteilt, sie sollen „mit maximalem Einsatz der Waffen antworten." (Manutscharjan, 2009, S. 58.)

Am 15. Juni 2008 begann Russland an der Grenze zu Georgien das Militärmanöver Kaukasus 2008. Die georgischen Streitkräfte führten zeitgleich militärische Übungen mit US-Soldaten durch. (vgl. Pleines, Schörder, 2008, S. 15.)

Anfang Juli 2008 gab es kleinere Scharmützel an der Grenze zu Südossetien und Abchasien. Ein ossetischer Polizeioffizier wurde erschossen, woraufhin die Südosseten begannen, georgische Stellungen zu beschließen. Moskau unterstützte die südossetischen Krieger. Am 5. und 6. August begannen beide Seiten in Südossetien mit einer Teilmobilmachung. (vgl. Gressel, 2009, S. 21 f.)

5. Eskalation 2008

5.1 Operation 'Sauberes Feld'

Die Georgier dachten, dass der 7. bzw. der 8. August ein guter Zeitpunkt für die Wiedereingliederung Südossetiens mit militärischen Mitteln würde, denn „die Augen der Welt waren auf die Olympischen Spiele in China gerichtet, Medwedew im Urlaub, Putin in Peking." (Gressel, 2009, S. 23.)

Um Mitternacht des 7. August 2008 begann die georgische Militäroffensive gegen die Stadt Zchinwali und das Hauptquartier der russisch-südossetischen Peacekeeping Force. Innerhalb weniger Stunden wurden die südossetischen Milizen und die russischen Peacekeeping-Forces vertrieben. (vgl. Rapatz, 2012.)

Die georgische Regierung begründete ihren Angriff damit, dass sie die verfassungsgemäßen Rechte über die Region von Zchinwali wiederherstellen wollte. Der georgische Präsident Saakschwili ordnete an, den Roki-Tunnel, die Verbindungsnadel zwischen Nord- und Südossetien, nicht zu zerstören, um den Flüchtlingsstrom nicht zu behindern. Dadurch konnten die russischen Truppen allerdings deutlich schneller vordringen.

Die georgische Regierung hatte geplant, die südossetischen Streitkräfte schnell zu vernichten und eine Autobahnblockade zu errichten, um den Einmarsch anderer kaukasischer Völker zu unterbinden. In Südossetien sollte ein, dem georgischen Staat gegenüber loyal gesinntes Regime unter dem Präsidenten Igor Sanakojew eingerichtet werden, um dann die Wiedervereinigung mit Georgien zu verkünden. Anschließend sollten die Widerstandsgruppen effizient bekämpft werden. (vgl. Puchow (Hrsg.), 2008, S. 35 ff.)

In Tiflis rechnete man jedoch nicht mit der Einmischung Russlands und war darauf auch nicht vorbereitet. Außerdem war man davon überzeugt, die USA würden im Notfall auf Seite der Georgier eingreifen. Doch die russische 58. Armee wurde gemeinsam mit der russischen Luftwaffe in Bewegung gesetzt und griff ein. Vom russischen Schwarzmeerhafen aus stachen Kriegsschiffe in See, um in Abchasien zu landen und um den georgischen Hafen Poti zu blockieren.

Bereits am 9. August wurde Zchinvali aus den Händen der Georgier befreit. (vgl. Stammer, 2011, S. 25.)

Abb. 3: Verlauf des Kaukasuskrieges

Einen Tag später waren russische Truppen an der abchasischen Schwarzmeerküste gelandet. Dadurch konnten sie einerseits ihre Truppen in Südossetien verstärken, andererseits die georgischen Truppen einkreisen. Seit dem 11. August hatten sie abchasische Streitkräfte im

Kodori-Tal unterstützt. Außerdem waren sie von Abchasien aus nach Westgeorgien einmarschiert.

Russland war gegen Kriegsende bemüht, eine militärische Entscheidung zu erzielen. Es wollte die Georgier militärisch in die Knie zwingen, bevor sich internationaler Druck formieren könnte. Als Vorbedingung für etwaige Verhandlungen verlangten die Russen den Rücktritt Saakaschwilis. Man wollte aus Georgien einen russischen Satellitenstaat machen.

Erst als der Vormarsch auf das georgische Kernland begann, meldeten sie die USA zu Wort. Aus den Vereinigten Staaten hieß am 12. August 2008:

> „Der Einmarsch Russlands in Georgien widerspricht den uns gegebenen Zusicherungen, dass Russlands Ziele sich darauf beschränken, den Zustand, der vor Beginn der Kampfhandlungen in Südossetien herrschte, wiederherzustellen." (zit. n. Pleines, Schröder, 2008, S. 17)

Am 5. Tag des Krieges, dem 12. August wurde der georgische Luftraum völlig von den Russen beherrscht. Die georgischen Truppen wurden nach und nach zerschlagen. Seites der georgischen Führung war man mit der raschen Kriegswendung völlig überfordert. Saakashvili befahl allen georgischen Truppen den Rückzug aus dem Gebiet Zchinwali. Der Krieg war für Georgien verloren. (vgl. Stammer, 2011, S. 36 ff.)

5.2 Endlich wieder Frieden?

Am 12. August entschloss sich die Führung in Tiflis dazu, aufzugeben. Die erhoffte Hilfe aus dem Westen war nicht gekommen.

Der russische Präsident Dimitri Medwedjew und EU-Ratspräsident Nikolas Sarkozy vermittelten diesen 6-Punkte-Plan:

1. „Verzicht auf Gewalt zwischen den Kriegsparteien,
2. endgültige Einstellung der Kampfhandlungen,
3. Gewährung freien Zugangs für humanitäre Hilfe,
4. Rückzug der georgischen Streitkräfte auf ihre regulären Stationierungsorte,
5. Rückzug der russischen Streitkräfte auf die Linie vor Beginn der Feindseligkeiten in Südossetien,
6. Aufnahme internationaler Gespräche über die Modalitäten für die Sicherheit und Stabilität in Abchasien und Südossetien." (Brzoska, u.a, 2008, S. 5.)

Die Russen erkannten schnell, wie begrenzt die internationale Unterstützung der russischen Teilbesetzung Georgiens war.

Weder China noch die zentralasiatischen Staaten stützten den Kurs Moskaus. China vergab sogar günstige Wiederaufbaukredite an Georgien. Daher erklärte Russland am 22. August 2008, es habe seine Truppen vollständig aus Georgien abgezogen. Jedoch verblieben sie in den Gebieten Südossetien und Abchasien, dessen Unabhängigkeit sie am 26. August 2008 offiziell anerkannten. (vgl. Gressel, 2009, S. 38.)

Auf dem darauffolgenden EU-Sondergipfel im September 2008 wurde die russische Anerkennung Südossetiens und Abchasien auf das Schärfste kritisiert. Die Außenminister der Europäischen Union beschlossen die Entsendung einer zivilen EU-Beobachtungsmission zur Überwachung der Waffenruhe in Georgien. Wirtschaftliche Sanktionen oder gar militärische Aktionen blieben aus.

5.3 Unmittelbare Folgen für Russland und Georgien

Obwohl Russland der militärische Sieger dieses Konfliktes war, hatten die Russen einen immensen Imageschaden erlitten und sich international isoliert. Die Wiederherstellung der georgischen territorialen Integrität war in weite Ferne gerückt. Die Fronten zwischen Georgien und Russland waren verhärtet, zumal Georgien am 12. August 2008 aus der GUS austrat. Außerdem war die georgische Unterstützung im Ausland zurückgegangen, da Saakaschwili zuerst angegriffen hatte.

5.4 Position Russlands und des Westens nach dem Krieg

Russlands Verbündete nach dem Kaukasuskrieg waren vor allem Unterzeichner gemeinsamer militärischer Beistandspakte, wie Weißrussland oder Armenien. Diese behaupteten, es habe einen „von Georgiern unternommenen Versuch der gewaltsamen Konfliktlösung in Südossetien" (Brzoska u.a., 2008, S. 5.) gegeben. Gleichzeitig wurde Russland als Retter der Südosseten gepriesen. In Russland wurde der Kaukasuskrieg als ein von den USA inszenierter Krieg gegenüber Russland gesehen.

Im Westen wurde der Krieg natürlich anders beurteilt. In nahezu allen NATO und EU Staaten wurde die russische Reaktion als unverhältnismäßig bewertet und die Anerkennung Abchasiens und Südossetiens verurteilt. Auf diplomatischer Ebene wurden Verhandlungen zwischen EU und Russland auf Eis gelegt. In den Vereinigten Staaten wurde nur die Anerkennung Abchasiens und Südossetiens kritisiert. (vgl. Brzoska u.a., 2008, S. 12.)

5.5 EU-Russland Gipfel in Nizza

Erst auf dem Treffen der EU-Außenminister vom 10. November wurden die Verhandlungen zu einem Partnerschaftsabkommen fortgesetzt. (vgl. EU-Russland-Gipfel in Nizza, 2008, S.1.)

„Der Konflikt in Georgien hat die Notwendigkeit eines ständigen politischen Dialoges zwischen der EU und der Russischen Föderation deutlich gemacht." (EU-Russland-Gipfel in Nizza, 2008, S.1.)

Die Europäische Union kritisierte den damaligen Stand der Dinge in Georgien. Sie bekräftigte, dass sie Südossetien und Abchasien nicht anerkennen würde. Der Europäische Rat gab zu erkennen, dass russische Streitkräfte georgisches Territorium unerlaubt betreten hatten. (vgl. EU-Russland-Gipfel in Nizza, 2008, S.1.)

5.6 Resümee

Die georgische Regierung wollte es auf den Krieg mit Russland ankommen lassen, um der Weltöffentlichkeit die Brisanz der ungelösten Sezessionskonflikte in Georgien vor Augen zu führen. Die Russen waren aber genau so wenn nicht sogar besser auf eine militärische Auseinandersetzung mit Georgien vorbereitet. Ziel der Russen war es, die georgische NATO-Mitgliedschaft zu verzögern. Dieses Ziel haben sie erfolgreich erreicht. Schlimmer noch, aus der Sicht der Georgier: Russland erkannte die abtrünnigen Provinzen am 28. August 2008 als souveräne Staaten an und stationierte dort noch mehr Truppen. Die Wiedereingliederung scheint in noch größere Ferne gerückt zu sein.

Für die russische Regierung war der Krieg ein Erfolg. In der russischen Öffentlichkeit war diese Meinung weit verbreitet:

„Wir [die Russen, Anm. d. Autors] alle haben verstanden, dass Saakaschwili den blutigen Konflikt ausgelöst hat. Der georgische Präsident (...) hat erfolglos versucht, die abtrünnige Teilrepublik Südossetien gewaltsam wieder unter die Jurisdiktion der zentralen Behörden in Tiflis zu stellen." (Krumm, 2009, S. 14.)

Die Russen wollten ihrem Nachbarn auf der anderen Seite des Kaukasus eine Lektion erteilen, und gleichzeitig andere GUS-Mitgliedsstaaten warnen. Sie konnten sowohl die russische Demütigung im Ausland, als auch die steigende Unzufriedenheit und das zunehmende Misstrauen im eigenen Land beenden. Zusätzlich erweiterten sie ihren Einflussbereich im Südkaukasus. Russland hat erfolgreich Vertreter der Vereinten Nationen aus den Konfliktzonen Georgiens entfernt. Aber auch für die Russen war der Krieg kein völliger Gewinn. Sie verloren beinahe sämtliche Sympathien unter den Georgiern. (vgl. Jones, 2015, S. 250.)

Die Georgier stellten diesen Konflikt anders dar:

„The Georgians (...) framed the war as ,civilizational', as an attack on European values of human rights, democracy and sovereignity, drawing parallels with the Soviet invasion of Poland in 1939, the crushing of the Hungarian Revolt in 1956, and the occupation of Prague in 1968." (Jones, 2015, S. 240.)

Für die Georgier war der Krieg aber auch kein reiner Verlust da die Weltgemeinschaft erstmals ihre Augen auf den Kaukasus richtete. Friedensbeobachtungen und Friedenssicherungsmissionen werden nicht mehr ausschließlich von Russland übernommen.

Die OSZE-Mission vermehrte die Anzahl ihrer Beobachter und eine internationale Konferenz zur Konfliktlösung wurde einberufen, wodurch Russland eine weniger dominante Rolle bei der Konfliktlösung übernahm. (vgl. Zagorski, 2009, S. 246.)

6. Nachkriegsentwicklung

6.1 Nachkriegsentwicklung in Südossetien und Abchasien

Am 1. Oktober 2008 nahm die „EU Monitoring Mission" (EUMM) ihre Arbeit zur Friedenssicherung in Georgien auf. Sie hatte allerdings nur eingeschränkten Zugang zu den Konfliktrgionen, da ihr Einsatzbereich unterschiedlich definiert wird. Russland meinte, es habe sich aus Georgien zurückgezogen. Abchasien und Südossetien gehörten der russischen Auffassung nach nicht mehr dazu. In diesen Gebieten hatte Russland seine militärische Präsenz gravierend verstärkt. Russland musste beide Staaten finanziell unterstützen. (vgl. Halbach u.a. 2009, S. 1 ff.)

Die Georgier beschuldigten die Behörden in Südossetien und Abchasien, ethnische Georgier zu vertreiben und Gewalt zu provozieren, um eine russische Truppenpräsenz zu halten. Die separatistischen Regierungen in Südossetien und Abchasien warfen den Georgiern vor, sie würden sie international denunzieren. (vgl. Halbach u.a., 2009, S. 3.)

In Südossetien war die Lage am kritischsten, da sie unter allen Sezessionsgebilden die geringsten historischen, politischen und ökonomischen Ressourcen für Eigenstaatlichkeit aufwiesen. Zudem hatten sie keine politische Elite, ihre Führung war und tief in Korruption und kriminelle Geschäfte verwickelt. In Abchasien sah die Lage deutlich besser aus. Dort sind weniger Regierungs- und Verwaltungsposten mit Russen besetzt. Der Tourismus an der Schwarzmeerküste galt als Hoffnungsträger der Region. (vgl. Halbach u.a., 2009, S. 5.)

6.2 Innenpolitische Konsequenzen in Georgien

Zwar kam es in Georgien zu innenpolitischen Unruhen, jedoch verzichtete die Regierung auf Gewaltanwendung gegenüber den Demonstranten. Die Proteste verloren an Dynamik. Nach weit verbreiteter Meinung waren die Georgier lediglich in eine russische Falle getappt. (vgl. Jobelius, u.a., 2009, S. 3 f.)

Georgiens Präsident Saakaschwili schaffte es, aus der militärischen Niederlage Georgiens einen innenpolitischen Sieg zu machen. Saakaschwili unterstellte dem russischen Nachbarn er „habe ihn selbst und die Demokratie in Georgien mit Waffengewalt beseitigen wollen" (Quiring, 2016, S. 48). Dieses Ziel verfehlte die russische Führung aber, da Saakaschwili sich noch vier Jahre im Amt halten konnte. Doch bei den Parlamentswahlen von 2012 verlor er gegen das Parteibündnis 'Georgischer Traum' des Milliardärs Bidsina Iwanischwili. (vgl. Quiring, 2016, S. 48 f.)

Die regierende Partei Georgischer Traum versuchte einige Fehlentwicklungen der letzten Jahre rückgängig zu machen.

Sie korrigierte den ultra-liberalen Kurs der Saakashvili-Regierung, sorgte für eine sozialere Ausrichtung und beschnitt die Macht des Präsidenten. Trotzdem wird Iwanischvili häufig vorgeworfen, er würde sich Russland annähern und dadurch Georgiens Westkurs gefährden. (vgl. Bläsius, 2013, S. 1 ff.)

6.3 Lösungsmodelle

Um diesen Konflikt langfristig zu lösen, gibt es eine begrenzte Anzahl an möglichen Lösungsmodellen. Entweder Georgien akzeptiert die Unabhängigkeit Südossetiens und Abchasiens und schließt Frieden mit Russland, oder sie stemmen sich gegen diese unrechtmäßige Besatzung. Je nach dem, sind folgende Varianten denkbar:

1. Das Zypern Modell:

   Der russische Staat unterstützt die Eigenstaatlichkeit Südossetiens bzw. Abchasiens und fordert weiterhin ihre Loslösung von Georgien. Dadurch würde eine Wiedervereinigung in weite Ferne rücken.

2. Das Teilungsmodel:

   Georgien akzeptiert die Unabhängigkeit Abchasiens und Südossetiens und lässt diese ihre Beziehungen zu Russland ausbauen. Dafür könnten die Georgier theoretisch der EU bzw. der NATO zuwenden.

3. Das Internationalisierungsmodell:

   Abchasien und Südossetien sollen weder von Russland noch von Georgien verwaltet werden, sondern unter internationale Verwaltung und Friedenssicherung gestellt werden.

4. Das Neutralitätsmodell:

Dafür müsste das wiedervereinte Georgien seine Neutralität gegenüber der NATO und Russland erklären.

Die aktuelle Realität deutet auf ein Zypern-Modell hin. Das Teilungsmodell ist für die Georgier inakzeptabel, da sie davon überzeugt sind, dass Südossetien und Abchasien georgisch sind. Das Internationalisierungsmodell kann aufgrund russischen Widerstands nicht durchgeführt werden. Das Neutralitätsmodell ist realitätsfremd, da Tiflis seine NATO-Bemühungen nicht so schnell aufgeben wird. Sonst wäre Georgien noch schutzloser gegenüber Russland. Das Problem an einem Zypern-Modell liegt jedoch darin, dass der Konflikt dadurch keineswegs gelöst wird. Russland wird weiterhin die Möglichkeit gegeben, in die Souveränität unabhängiger Staaten einzugreifen. Eine erneute Eskalation scheint zwar unwahrscheinlich, trotzdem wird durch dieses Modell der Konfliktherd nicht beruhigt.

6.4 Aktuelle Entwicklungen in der Region

6.4.1 Abchasien
Die Abchasen erwarteten eine wichtige Rolle bei den Olympischen Spielen in Sotchi 2014 zu spielen. Umso größer war die Enttäuschung, als sie nicht beteiligt wurden. Es kam zu Unruhen, infolge derer Raul Chajimba zum Präsidenten wurde. Dieser fuhr einen deutlich strengeren Pro-Russland-Kurs, der im November 2014 in einem Abkommen über strategische Partnerschaft gipfelte. Darin wurden die Russen befugt, die abchasisch-georgische Grenze zu überwachen. (vgl. Quiring, 2016, S. 55 f.)

6.4.2 Südossetien
Der südossetische Präsident Kokoity war immer stärker in Schmuggelgeschäfte eingebunden, und er musste am 11. Dezember 2011 seinen Rücktritt erklären. Nach innenpolitischen Unruhen wurde im Frühling 2012 sein Nachfolger, Leonid Tibilow gewählt. Auch unter Tibilow hing Südossetien massiv von Russland ab. Allein 2015 wurden umgerechnet 49 Millionen Euro nach Südossetien überwiesen. Auch Tibilow unterzeichnete mit Russland ein Abkommen, in dem die staatliche Kompetenz und die Grenzsicherung zu Georgien an Moskau übergeben wurde. (vgl. Quiring, 2016, S. 59 f.)

Dadurch war der Anschluss Abchasiens und Südossetiens an Russland de facto vollzogen. Eine Reintegration kann praktisch ausgeschlossen werden.

6.4.3 Georgiens westlicher Kurs
Georgien hält nach wie vor an seiner westlichen Orientierung fest. Auch ein Assoziierungsabkommen mit der Europäischen Union wurde unterzeichnet, um eine

langfristige Beitrittsperspektive zu ermöglichen. Obwohl Georgiens NATO-Beitritt nach dem georgisch-russischen Krieg in weite Ferne gerückt war, wurde auf dem NATO-Gipfel in Wales im September 2014 das Substantial NATO-Georgia Package (SNGP) unterzeichnet. (vgl. Quiring, 2016, S. 50 f.)

Dabei handelt es sich in Wahrheit aber um ein Trostpflaster, denn Georgiens eigentlicher Traum, in den MAP aufgenommen zu werden, erfüllte sich nicht.

7. Conclusio: Georgien und seine Zukunft

In der gesamten Kaukasusregion wurden durch den Kaukasuskrieg von 2008 die Karten neu gemischt. Russland hat gezeigt, dass es den Einfluss in ehemaligen Sowjetrepubliken nicht so leicht aufgeben möchte, und dafür sogar einen Krieg führen würde. In Georgien selbst hat Russland nationale Minderheiten permanent benutzt, um georgische Machtansprüche einzuschränken und den russischen Einfluss zu bewahren. Dadurch verhindern sie ein stärkeres Abdriften Georgiens nach Westen. Sie können in einem strategisch wichtigen Land wie Georgien, welches als Gastransitland dient, und gleichzeitig beinahe eine Landbrücke zwischen dem Kaspischen und dem Schwarzen Meer darstellt, weiterhin ihren Einfluss wahren. Solange Abchasien und Südossetien unter russischer Kontrolle sind, würde Georgien der NATO nicht beitreten, da sich die NATO durch eine Aufnahme Georgiens nur selbst belasten würde.

Im Kaukasuskrieg wurde den Russen vor Augen geführt, wie hoch die Schmerzgrenze des Westens bei der Verteidigung der Souveränität unabhängiger Staaten ist. Russland hat sich die aufgestaute Wut der internen Konflikte zwischen Georgien und den Minderheiten Abchasien und Südossetien zunutze gemacht, um dadurch seinen Einfluss auszuweiten. Zuletzt inszenierten sie sich sogar als Schutzmacht der Abchasen und Osseten. Der Fünftagekrieg von 2008 wurde von den Westmächten lediglich verurteilt, Sanktionen gegen die von Russland betriebene Abspaltung Südossetiens bzw. Abchasiens blieben aus. Darin sah die Führung in Moskau eine Bestätigung ihrer Aktionen. Die Russen haben erkannt, dass sie ihren Einflussbereich weiterhin ausbreiten können, ohne mit unangenehmen Reaktionen aus dem Westen rechnen zu müssen. Russland erkannte, dass es einseitig gegen einen souveränen Staat vorgehen könne, und Grenzen nach seinem Ermessen verändern könne, ohne dass die NATO, oder ein westlicher Staat darauf reagiert.

Dabei müsste das Interesse des Westens in dieser Region aus energiepolitischer Sicht definitiv größer sein. Durch eine Kontrolle Georgiens könnte Russland nicht nur die Gaslieferungen der

BTC-Pipeline kontrollieren, sondern auch den gesamten Kaukasus weiterhin destabilisieren, um dadurch verstärkten russischen Einfluss in der Region zu rechtfertigen und der europäischen Union potenzielle Beitrittskandidaten zu entziehen. Demokratisierungsprozesse und wirtschaftliche Entwicklungen würden dadurch ins Stocken geraten.

Wer weiß, vielleicht gehen demnächst andere Staaten den Weg Südossetiens und werden der Russischen Föderation einverleibt. Dann schaut Europa und der Westen hoffentlich nicht nur mehr zu, sondern setzt Akzente, um der russischen Führung Grenzen vor Augen zu führen. Für Georgien ist die Region Südossetien, genauso wie Abchasien unter aktuellen Bedingungen, völlig verloren.

Ein Umdenken seitens der Behörden in Südossetien kann es nur mit einem russischen Kurswechsel geben. Dies würde voraussetzten, dass Russland die finanziellen Mittel zur Unterstützung der Sezessionsrepubliken ausgehen.

Zukünftig wird sich Georgien also entscheiden müssen, ob sie die Eingliederung ihrer sezessionistischen Territorien weiterverfolgen wolle und dadurch mit ihrem nördlichen Nachbarn weiter auf Kriegsfuß stehen, oder ob sie Russlands Machtansprüchen im Südkaukasus weichen, und sich ihnen dadurch die Tore nach Europa öffnen. Würden sie Russlands Machtansprüchen endgültig nachgeben, würden sie die Russen in ihrer Strategie, sezessionistische Provinzen zu unterstützen, um dadurch ein Land zu zerreißen bestätigen. Außerdem wäre das für Russland ein Beweis, dass es durchaus effektiv ist, Unabhängigkeitsbestrebungen in anderen Staaten zu unterstützen. Würden sie weiterhin mit Russland auf Konfrontation gehen und die Wiedereingliederung Südossetiens und Abchasiens aktiv einfordern, könnte es zu erneuten Eskalationen kommen. Auch dadurch würde eine Eingliederung in die westliche Welt bzw. ein möglicher NATO/EU-Beitritt in noch größere Ferne rücken.

8. Der Kaukasuskrieg, ein Probegalopp für die Ukraine?

Eine ähnliche Strategie führt der russische Präsident Wladimir Putin zurzeit in der Ukraine durch. Auch dort unterstützt er eine Minderheit, die sich von der Zentralregierung, in diesem Fall von Kiew, loslösen will. Es muss allerdings erwähnt werden, dass es sich im Fall der Ukraine tatsächlich um ethnische Russen handelt, was bei den Südosseten bzw. bei den Abchasen nicht der Fall ist. Umso überraschender, die viel striktere Reaktion des Westens auf Russlands Interventionen in der Ostukraine.

Doch das russische Schema ist in der Ostukraine und in Georgien das gleiche. Vermeintlich benachteiligte Minderheiten werden in Georgien ebenso wie in der Ostukraine von Russland militärisch und wirtschaftlich unterstützt und dadurch in Abhängigkeit von Russland gebracht. Langfristig verlieren sie das Vertrauen zur Zentralregierung. Auch in der Ukraine verteilt Moskau großzügig russische Pässe für die dort ansässige russische Minderheit, um im Kriegsfall einen Grund zu haben, militärisch einzugreifen. Moskau kann dadurch nicht nur seinen Einflussbereich in ehemaligen Sowjetrepubliken ausbauen, sondern auch ein Ausbreiten der NATO und der EU nach Osten unterbinden, indem die Staaten destabilisiert werden. In Moskau weiß man, dass NATO und EU kein Interesse haben, einen destabilisierten Staat aufzunehmen. Damit bleiben die alten Einflusssphären der Sowjetunion waren.

Die schwache Reaktion des Westens auf den Kaukasuskrieg von 2008, indem man nach kurzer Kritik wieder zu einem Buissnes-as-usual zurückgegangen war, zeigte Russland, dass der Westen eher an guten wirtschaftlichen Beziehungen interessiert ist, als die Souveränität europafreundlicher Länder zu unterstützen.

Man kann wohl davon ausgehen, dass Waldimir Putin in der Ukraine anders agiert hätte, wenn die Weltgemeinschaft das russische Verhalten von 2008 entsprechend sanktioniert hätte.

Literaturverzeichnis

Printmedien

Selbstständig erschienene Werke (Monographien):

1. Ammon, Phillip: Georgien zwischen Eigenstaatlichkeit und russischer Okkupation. Die Wurzeln des russisch-georgischen Konflikts vom 18. Jahrhundert bis zum Ende der ersten georgischen Republik (1921). Klagenfurt-Wien: Kitab-Verlag, 2015.

2. De Waal, Thomas: The Caucasus: An Introduction. New York: Oxford University Press, 2010.

3. Jones, Stephen: Georgia. A political history since independence. London-New York: I.B. Tauris & Cuzo. Ltd, 2015.

4. Quiring, Manfred: Pulverfass Kaukasus: Nationale Konflikte und islamistische Gefahren am Rande Europas. 2. Auflage. Berlin: Ch. Links Verlag, 2016.

5. Rayfield, Donald: Edge of Empires. A History of Georgia. London: Reaktion Books Ltd, 2012.

6. Reiter, Erich (Hrsg.): Die Sezessionskonflikte in Georgien. Wien-Köln-Weimar: Böhlau Verlag, 2008.

7. Schewardnadse, Eduard: Als der Eiserne Vorhang zerriss. Begegnung und Erinnerung. Duisburg: Peter W. Metzler Verlag, 2007.

8. Stammer, Dieter: Der Fünftagekrieg um Südossetien. Leipzig: Elbe-Dnjepr-Verlag, 2011.

9. Steinbach, Udo (Hrsg.); Von Gumppenberg, Marie-Carin (Hrsg.): Der Kaukasus. Geschichte Kultur Politik. 3. Auflage. München: C.H Beck. Media. Solutions, 2018.

Unselbstständig erschienene Werke:

1. Gressel, C. Gustav: Der Krieg am Kaukasus: Geschehnisse und Konsequenzen. In: Reiter, Erich (Hrsg.): Die Sezessionskonflikte in Georgien. Wien-Köln-Weimar: Böhlau Verlag, 2008, S. 15 bis 49.

2. Gruska, Ulrike: Abchasien- Kämpfe um den schönsten Teil der Schwarzmeerküste. In: Von Gumppenberg, Maria-Carin (Hrsg.); Steinbach, Udo (Hrsg.): Der Kaukasus. Geschichte Kultur Politik. 3. Auflage. München: CH Beck, 2018, S. 111 bis 121.

3. König, S. Marietta: Der ungelöste Konflikt um Süd-Ossetien. In: Von Gumppenberg, Maria-Carin (Hrsg.); Steinbach, Udo (Hrsg.): Der Kaukasus. Geschichte Kultur Politik. 3. Auflage. München: CH Beck, 2018, S. 137 bis 149.

4. Manutscharjan, Aschot: Georgien sucht Krieg mit Russland. In: Reiter, Erich (Hrsg.): Die Sezessionskonflikte in Georgien. Wien-Köln-Weimar: Böhlau Verlag, 2008, S. 51 bis 62.

5. Manutscharjan, Aschot: Die innenpolitische Entwicklung Georgiens von 1991 bis 1996 unter besonderer Berücksichtigung des Sezessionskonflikte. In: Reiter, Erich (Hrsg.): Die Sezessionskonflikte in Georgien. Wien-Köln-Weimar: Böhlau Verlag, 2008, S. 71 bis 100.

6. Manutscharjan, Aschot: Russlands Kaukasuspolitik unter den Präsidenten Boris Jelzin und Wladimir Putin. In: Reiter, Erich (Hrsg.): Die Sezessionskonflikte in Georgien. Wien-Köln-Weimar: Böhlau Verlag, 2008, S. 181 bis 217.

7. Schmidt, Jürgen: Konfliktursachen Abchasien und Südossetien. In: Reiter, Erich (Hrsg.): Die Sezessionskonflikte in Georgien. Wien-Köln-Weimar: Böhlau Verlag, 2008, S. 101 bis 128.

8. Zagorski, Andrej: Russische Intervention in Konflikten in Südossetien und Abchasien. Vom der Status-quo- zur Revisionsrepublik. In: Reiter, Erich (Hrsg.): Die Sezessionskonflikte in Georgien. Wien-Köln-Weimar: Böhlau Verlag, 2008, S. 219 bis 248.

Online zur Verfügung gestellte Quellen

PDF-Dokumente:

1. Auch, Eva-Maria: Der Konflikt in Abchasien in historischer Perspektive. 2004. Online im Internet: ULR: https://ifsh.de/file-CORE/documents/jahrbuch/04/Auch-dt.pdf [Zugriff: 29.12.2018].

2. Bläsius, Julia: Neue Führungsspitze in Georgien. Herausforderungen für den georgischen Traum. November 2013. Online im Internet: ULR: https://library.fes.de/pdf-files/id-moe/10332.pdf [Zugriff: 11.01.2019].

3. Brzoska, Michael u.a.: Der Kaukasuskrieg 2008. Dezember 2008. Online im Internet: ULR: https://www.researchgate.net/publication/45666279_Der_Kaukasuskrieg_2008Ein_re gionaler_Konflikt_mit_internationalen_Folgen [Zugriff: 29.12.2018].

4. Closson, Stacy; Halbach Uwe: Die Georgien-Krise in ihrer kaukasischen Dimension. Oktober 2008. Online im Internet: ULR: https://www.swp-

berlin.org/fileadmin/contents/products/aktuell/2008A75_hlb_cls_ks.pdf   [Zugriff: 29.12.2018].

5. Europäische Kommission: Presseaussendung über den EU-Russland Gipfel in Nizza. 13.11.2008. Online im Internet: ULR: https://www.europa.eu/rapid/press-release_IP-08-1701_de.pdf [Zugriff: 27.07.2018]

6. Halbach, Uwe: Georgien im Assoziierungsprozess mit der EU. März 2015. Online im Internet: ULR: https://www.swp-berlin.org/fileadmin/contents/products/aktuell/2015A30_hlb.pdf [Zugriff: 08.01.2019].

7. Halbach, Uwe; Jenni, Sabine: Nachkriegsentwicklung in Südossetien und Abchasien. Juni   2009.   Online   im   Internet: ULR: https://www.swp-berlin.org/fileadmin/contents/products/aktuell/2009A28_hlb_jenni_ks.pdf   [Zugriff: 29.12.2018].

8. Halbach, Uwe: Ungelöste Regionalkonflikte im Südkaukasus. März 2010. Online im Internet: ULR: https://www.files.ethz.ch/isn/116974/2010_Southern_Caucasus_D.pdf [Zugriff: 29.12.2018].

9. Küchholz, Juliane: Die Rosenrevolution in Georgien. Ausdruck der Demokratie oder ein von den USA erkaufter Putsch? Berlin: März 2005. Online im Internet: ULR: https://www.oei.fu-berlin.de/politik/publikationen/AP49-3.pdf [Zugriff: 09.11.2018].

10. König, Marietta: Der georgisch-südossetische Konflikt. 2004. Online im Internet: ULR: https://ifsh.de/file-CORE/documents/jahrbuch/04/Koenig-dt.pdf [Zugriff: 26.11.2018].

11. Kunze, Thomas: Krieg um Südossetien. NATO und EU zwischen Russland und Georgien. 12.08.2008. Online im Internet: ULR: http://www.kas.de/wf/doc/kas_14356-1522-1-30.pdf?100913113546 [Zugriff: 03.08.2018].

12. Pleines, Heiko; Schröder, Hans-Henning: Der bewaffnete Konflikt um Südossetien und internationale   Reaktionen.   September   2008.   Online   im   Internet: ULR: https://www.forschungsstelle.uni   bremen.de/   UserFiles/file/06-Publikationen/Arbeitspapiere/fsoAP97.pdf [Zugriff: 13.06.2018].

13. Puchow Ruslan (Hrsg.): Die Panzer des August. 2010. Online im Internet: ULR: http://cast.ru/files/Die_Panzer_des_August_sm.pdf [Zugriff: 02.01.2019].

Websites:

1. Rapatz, Thomas: Der Kaukasuskonflikt zwischen Georgien und der Russischen Föderation Sicherheitspolitische Ableitungen und Auswirkungen auf den Schwarzmeerraum. April 2012. Online im Internet: ULR: https://www.oemz-online.at/pages/viewpage.action?pageId=8421594 [Zugriff: 05.08.2018].

Abbildungsverzeichnis